狭山 HYDE PARK STORY 1971~2023

JN110918

Published by TWO VIRGINS
ISBN : 978-4-910352-69-5
Printed in Japan

狭山ジョンソン基地の米軍ハウスへ

僕が返還された狭山ジョンソン基地近くのハウスに引っ越ししたのは1971年だったと思う。当時ジョンソン基地が福生の横田基地に移って、多くのハウスといわれるアメリカ軍の兵隊用の家が空き家となりそれを貸すという広告が出た。それ見つけたworkshop MU!!の眞鍋君たちが東京の青山から狭山に最初に引っ越しして暮らし始めた。そこでどんな暮らしをしているのか、またハウスというのはどういうものかを知りたくなって多くの友人たちが彼らを訪ねた。そのうちの何人かはその暮らしに共感して狭山に移り住んだ。僕もそのひとりだった。それから細野晴臣、小坂忠、といった音楽仲間が引っ越ししてきた。

当時はまだ関越道が開通していなくて、車で所沢街道を走っていったのだが、ずいぶん遠いところまで来てしまった、というのが狭山の最初の印象だった。

都会の暮らしとは違う、ゆったりとした時間が流れていて、MU!!の連中もそれを楽しんでいた。さらに僕にとってはジェームス・テイラーのアルバムのような、アメリカのカントリーのような雰囲気が感じられた。自分もここに住みたい。こんなところに住んで音楽がやれたら良いな、と思って、引っ越ししたのである。

僕は今でも狭山に住んでいる。横浜の実家で暮らし親の元で、のほほんと生きてきた自分にとってひとりで生活する、家賃も自分で払うという未体験のことができたのは狭山に引っ越ししたからだと思う。

なぜ僕らは狭山に引っ越ししたのか？ひとつには当時のハウスの賃料が安かったことにある。家によって賃料は違ったが、ほとんどが 20,000円から25,000円くらいだった。例えば僕が借りたハウスは10畳以上あるリビング、8畳、6畳、6畳の3部屋のベッドルーム。トイレとバスルームは一緒で4畳半、台所も同じくらいの広さだった。それに庭がついていて車2台が楽におけるスペースがあった。僕の家にはさらに、サンルームみたいな部屋がついていたから東京の普通の一戸建てに比べれば遥かに広かった。ひとりで住むには広すぎる家だったので、僕は後輩のギタリスト志望の安田

裕美とギターのリペアマン志望の押尾光一郎と3人で住むことにした。今でいうシェアハウスだ。

そのころ僕は『guts』という音楽雑誌にレコード評を書いたり、年に何回かキョードー東京が呼んだアーティストの司会兼通訳兼ツアーマネージャーのような仕事をやっていた。だから暇はあったし周りの住民のカメラマン、照明家といった人たちも、サラリーマンと違って時間があったので、何かというとみんなで集まって食事をしたり酒を飲んだりしていた。

当時アメリカなどではヒッピーたちのコミューンという言葉が出てきて、僕らの住んでいた"狭山アメリカ村"をそう呼ぶ人たちも現れ、雑誌でも取り上げられるようになった。ただアメリカ村の住民たち、特に若い人たちはそういう気持ちはなかったと思う。確かにみてくれはヒッピー然としていたが、僕らはもっと慎ましやかな地味な生活をしていた。

僕は狭山にいる時に結婚して子供も産まれた。同じように近くの住民もそれぞれ子供が産まれて、子育てをするようになると自由なヒッピー暮らしなどとはほど遠い生活をすることになった。そして狭山に暮らしてみて自分が知らなかった多くのことを学んだ。

特にMU!!の連中からは多くのことを教えてもらった。それまではアメリカに憧れ、アメリカの音楽に親しみ、着る物もアメリカ風と、何でもかんでもアメリカという僕に世の中にはもっと違う文化があると、教えてくれたのが彼らだった。多分彼らと出会わなかったら日本の古い物、骨董、文学、絵画といったことに興味を持つことはなった。これらすべては彼らに教えてもらったような気がする。

1970年代の狭山での生活は僕にとって凄く貴重で大事な時期だったと今になって思う。

麻田浩

Mike Nogami

1971年8月 狭山アメリカ村

Mike Nogami

Mike Nogami

Mike Nogami

Jeff Shellito

UNITED STATES AIR FORCE
JOHNSON FAMILY HOUSING ANNEX

SPEED LIMIT
PLEASE OBEY THE FOLLOWING SPEED

STOP

1964〜67年頃 ジョンソン基地バックゲート

ジョンソン基地と米軍ハウス

　戦前、埼玉県の入間市と狭山市にまたがって設立された陸軍航空士官学校は戦後間もなくアメリカ軍に接収され「ジョンソン基地」となった。1950年に朝鮮戦争が始まると基地内や基地周辺にはアメリカ軍兵士が暮らすための住宅である"米軍ハウス"が次々と建設されていった。現在の稲荷山公園は"ハイドパーク"と呼ばれ、フェンスで囲まれたこのエリアには米軍将校とその家族が広大な敷地の大きな家で暮らし始めたのである。 この周辺に暮らす日本の子どもたちの目には羨ましいほどの生活が垣間見えたことだろう。もちろん基地に暮らすアメリカ軍兵士やその家族たちも春の花見、アメリカ独立記念日、七夕祭り、秋のお祭り、クリスマスなどには地域住民との交流を盛んに行って親睦を深めていた。

　やがて1958年から1978年にかけ基地の返還が始まると、ハイドパークの将校住宅エリアもなくなり、アメリカ軍兵士の暮らしたハウスは日本人へ貸し出されることになった。なにせ平屋なのに2ベッド、3ベッドルーム、さらにフローリングのリビング・ダイニングという間取りで庭付きの住まいは豊かなアメリカの生活をイメージするのに十分であったはずだ。家賃も月に25,000円ほど、と破格。収入の少ない若者は今でいうシェアハウスのようにして共同生活をし始めたのである。

Nick's

Best of Luck Dick Trent and the bapt MaC's

1960年オープンのステーキハウスNick's

Nick's

HAPPY BIRTHDAY
MAY 66

MONIE   EDDIE   TOMIE

Nick's

1964 ～ 1966 年頃 ハイドパーク

ハイドパークゲート

Jeff Shellito

Jeff Shellito

ジョンソン基地内にあったプール

1966年 ジョンソンファルコンズ

Jeff Shellito

Jeff Shellito

LOOK BELOW BEFORE YOU DIVE!

HYDE PARK STORY

平凡パンチ 1972年5月15日号 (©マガジンハウス)

Mike Nogami

workshop MU!!（左から眞鍋立彦、眞鍋美佐子、奥村靫正、中山泰）

A Boomer's Story…

（文中・敬称略す）

其れは…大袈裟な理念や理想やイデオロギーやムーブメントなど一切合切、無縁だった。"青春"って云う誰にでもある極く"私的"な積み重ねから紡ぎ出された出来事だった。

朝鮮戦争時に幼・少年期を練馬の Grant Heights と環八をはさんだ Camp Drake の近在でベビーブーマーのひとりとして過ごした私は…其れらの刺激濃き Dependent Housing Area に出入りしたり、メインゲート前に在った Kiddy Land 1 号店などの連なる英字看板で溢れ返っていた川越街道沿いを友と徘徊し、高校生までを過ごした。

22歳になり、表参道駅脇のビルのペントハウスで'69年暮れに、御茶の水美術学院以来の相棒の中山泰、桑沢デザイン研究所後輩の山﨑満、経理のK嬢と亡妻の美佐子（以下、ミーコ）を伴ない、㈱workshop MU!!を創業する。1年後にはミーコの妊娠と幾つかのプロブレムを抱えた個人的事情で職住同在のまま、埼玉県狭山市内 Hyde Park 下手（しもて）の American Village No. 2116 に移転した。其処は高校生のときに友と16号線

沿いに建設を始めたHONDAの工場外壁のスレート貼りアルバイトのため稲荷山公園駅で下車し、迎えの鳶の親方のオート三輪の荷台から桜並木のフェンス越しに悉（つぶさ）に観続けた処であり、練馬の Grant Heights や朝霞の Momote Village とは似て非なる起伏豊かな芝地に松やヒマラヤ杉が配され、ペールトーンのハウスが点在する Hyde Park だった。其の数年後に交際を始めたミーコとのドライブデートコースのひとつ、ステーキハウスのニックスも在り、彼女を家まで送る西武線（当時、所沢駅以西は単線だった）の車窓から垣間視た緑濃き処だ。移転を決意した其の日は、賛同してくれたミーコと中山と小坂忠が一緒だった。…いみじくも、私以外の此の三人は次々に現世から居なくなってしまった…

当時、満は巴里に画の修行に旅立ち、K嬢は出資会社に再雇用が決まり、護るべきモノは他に何も無く、直ぐに2tトラックのロングで2〜3往復。喧騒の予兆感濃き原宿から抜け出して、引越し完了。約半月経った頃、定職の無かった桑沢卒業時同級の奥村靭正も早

速様子を観に来て、そのまま中山の居室に居候となり…忠は予より交際中の髙叡華（以下、Pen）との結婚を機に引越して来た。相前後して先輩格の麻田浩が…立花ハジメがミーコの Baby-Blue のベレット GT で、仕事を手伝う様になり…鈴木康司や細野晴臣、洪栄龍、和田博巳と、三々五々、類は友を呼ぶ参集を生んだ次第。そんな訳で、当事者以外の…サブカルチャー云々＆ヒッピー云々など勝手な自論を展開し評論する御尽も居られるが、これっポッチもそんな夢想とは "違う" と云っておきたい。

　ベトナム戦争終末期真ッ只中、米軍の敗退・撤退が私達の引越しに大きく寄与していたし…身近では、関越自動車道が練馬〜川越間開通のほぼ一年前の事だった。…近在の八高線には、途轍もない鉄の塊の蒸気機関車が石炭の匂い濃き煙を吐き出しながら '72 年頃までは、ひた走っていた…

　'71年の引越しと期を同じくして、忠の1stアルバム『ありがとう』が、立ち上がったばかりのマッシュルーム・レーベル第 1 弾と決まり、忠からスリーブデザインを頼まれ、Penから紹介されたミッキー・カーチスから同レーベルのポスターなど多数の依頼を受けた。以後、他社企画からもデザイン依頼が舞い込む事となる。

　当時、電車賃・写植代にも足りぬ稿料を「稿料は要らぬから印税にしてくれ…」と申し込んだが、レコード各社から鼻で笑われた事は忘れない。そんな遅々とした時代であったが、全てが浪漫的でもあり、"麗しき・美しき青春爛漫" の日々であった事はまちがいない。後に、そんな大切に想う "青春" を汚されたり壊されたりするに等しき出来事も幾度か在ったが、誰にでも大切に護り続けねばならぬ "El Dorado" はある。なぁ〜んて想いながら忠のLPを眺め、これを書いている。

2023 年初春 workshop MU!!　眞鍋立彦

追記：Penから電話があり、「まなべくん、忠の『ありがとう』LPの完全復刻版の再販が決まったのよ！」との嬉しき一報が届いた。

Mike Nogami

1972 年 1 月に発売となる『カントリー・パンプキン』のジャケットデザイン打ち合わせ中

Mike Nogami

Mike Nogami

Mike Nogami

Mike Nogami

松本洋子とネコの「ネズミ」

狭山の生活

　狭山アメリカ村に住んでみると、それまでの都会の暮らしでは経験できないことをいっぱいした。当時の狭山の音楽畑の友人たちはみんなそんなに売れていなかったし、同じくアメリカ村に住んでいたカメラマンや演劇の仕事をしている人たちも時間があったので、よくみんなで遊んだ。夏になると市民プールに昼から泳ぎに行き、夕方になるとプールの横の屋台のおでんを食べたりしていた。当時まだ珍しかったスーパーマーケット「ニチイ」のボーリング場に行ってボーリング大会もした。まだジョンソン基地に米軍がいたので、横のレーンでアメリカ人たちが大声でボーリングを楽しんでいる姿もよく見かけた。「ニチイ」にはプールもあり、アメリカ村のほとんどの子供たちは、そこの水泳教室に通っていたし、アメリカ村にはピアノの先生もいて、ここにも何人もの子供たちがピアノを習っていた。

　またある時は東京の友人たちに声かけ野球大会やったり、バイク仲間たちがやって来て、みんなで走りまくったりと、とにかくよく遊んだ。

　またMU!!の骨董の仕入れを手伝い、国道16号沿線を八王子方面に行ったところにあった横山家具という米軍払い下げの家具や電化製品を販売していたお店にもよく行った。多分あの頃の日本の住宅事情では外国製の家具や電化製品は大きく、電源も200ボルトが必要で一般的にはあまり需要がなかったから、僕らハウスの住民たちにとっては好都合だった。またMU!!の連中は東京や埼玉のバザーや骨董市の情報もよく知っていた。原宿や表参道の教会のバザー、中野にあった救世軍のバザー、久留米のアメリカン・スクールのバザー、狭山近郊の骨董屋さんなどにもよく行った。だから自分や子供の洋服などは、ほとんどそういうところで買ったものだ。今や東京にはすごい数の古着屋があるが、当時はそういったバザーなどが、僕らにとっての古着屋だった。

ハイドパークの向こうはジョンソン基地で、踏切に
はMP（ミリタリーポリス）がいて、日本人は許可な
く基地の中には入れなかったが、7月4日の独立記念
日は基地が解放される日だった。その日はまるでアメ
リカのステーツ・フェアのようにいろいろな催し物が
あり、僕らアメリカ村の住民はみんなで出かけて行った。
日本円をドルに換えて、ハンバーガーを食べ、ゲーム
に参加した。遊園地やお祭り会場にある昔ながらのゲー
ムを初めて見て、強烈にアメリカを感じた。小さな水
槽の上に椅子を設置し、その横の的にボールを投げて
当たると椅子が外れ、座っている子が水槽にドボンと
落ちる荒っぽい"ダンクタンク"というゲームを基地内
のハイスクールの女の子たちが楽しそうに参加してい
た。広場ではおそらく軍人のカントリーバンドが演
奏し、ウエスタン・ルックの人びとがスクエア・ダン
スを踊り、本当にここが日本なのかと思うくらいアメ
リカ的な光景だった。

　しかし、ジョンソン基地に駐屯していた部隊が横田
基地へと移動が決まると、線路向こうのジョンソン基
地が段階的に返還され、ハイドパークの将校たちも、
アメリカ村の兵隊たちも徐々にいなくなった。1974、
5年だったと思う...

麻田浩

Mike Nogami

近所にはまだアメリカ人の家族が住んでいた

Mike Nogami

Mike Nogami

左から麻田浩、ジャクソン・ブラウン、品川寿男

Tom's Cabin

Kinos

僕とギター

　ちょっと話は遡るが1967年に1年間ほどアメリカに滞在していた頃、古いアコースティック・ギターとオールドタイプのバンジョーを何本か買った。ギターは今ではパーラーギターと言われるちょっと小振りのギターがほとんどだった。一番古いのは1920年台のマーティンや、シカゴのメーカーのウォッシュバーン、それにギブソンの"Oスタイル"というマンドリンのようなギター、古い"J-45"ギルドの12弦ギターなど10本ほどあった。ほとんどはポーンショップ（質屋）で買った。というのもビートルズの影響で、みんなアコースティック・ギターを売ってエレキ・ギターを買った時期で、ポーンショップには多くのアコースティック・ギターが吊るされていた。これらは後に同居することになる押尾というギター・リペアマン志望の後輩に直してもらうつもりだった。

　また1973年にアメリカへ石川鷹彦とレコーディングに行ったとき、ナッシュビルで1953年製のマーティン"000-28"を買った。この000-28はすごく良いコンディションで今だったら100万円以上すると思う。ギターの他にもダルシマーという民族楽器やオートハープなども買った。その頃はまだヴィンテージ・ギターなんて買う人は日本にいなかったし、値段も新品に比べ、とにかく安かった。娘が生まれる時に出産にかかる費用が足りなかったのでギルドというメーカーの12弦ギターを近くに住んでいたギタリストの徳武君が紹介してくれた長渕剛君が買ってくれた。だから娘は長渕君のお陰で産まれてこれたのだ。これらのギターはトムス・キャビンが倒産した時にレコードやオーディオセットとともに売った。今持っていたら相当な額になるのだろうが、あの時はそうするしかなかった。だから当時のアメリカ村の僕の家には何百万という財産が眠っていた。

DIYで作ったトムの小屋"Tom's Cabin"

　それはジェームス・テイラーの影響からはじまった。狭山のハウスは、当時どんなに改装してもよいといわれていた。僕は息子の誕生祝いのご祝儀でユーティリティールーム（家事室）を作ろうと思い立ち、近所の友人たちに手伝ってもらい小屋を作った。ジェームス・テイラーが大工仕事をやっているような写真を見たことに影響されたのかもしれない。ハウスには200ボルトの電源が入っていたので、アメリカ製の大きな洗濯機と乾燥機を買った。それでも大きすぎて風呂場には入らなかったので、台所の外に小屋を作ることにしたのだ。僕は大工仕事にはまったくの素人だったが、当時洋書屋で売っていたDIYの本を買って勉強した。入間市にあった古材屋で使い古しの柱や材木を買って、近くに住んでいた元"はちみつぱい"の和田君の持っていた電動大工セットを貸してもらって作業が始まった。

　まずはハウスの壁に角材を打ちつけて屋根の支えにし、地面にはコンクリートのブロックを並べてセメントで固め土台とした。その土台にボルトを埋め込み、角材を止めその上に柱を立てた。流石に柱を立てるのはひとりではできないので、暇な友人たちに協力してもらって骨組みを組んだ。波板で屋根を貼り壁は古材屋で買った板を貼り大きな出窓も作った。こうして友人たちとDIYの本のおかげでなんとか小屋は完成した。

　息子の吐夢が雨の日でも遊べるようにという思いで作ったので、この小屋を"Tom's Cabin"と名づけた。これがのちに呼び屋になった時の名前に繋がる。

　僕の"Tom's Cabin"が意外にうまく出来たので、狭山のアメリカ村では小屋や倉庫を作ることが流行になり、毎日が日曜日みたいな僕ら素人大工は、今日は誰の家、明日は誰の家と結構忙しく働いた。もちろん夜になるとみんなで飲み会となった。

麻田浩

Mike Nogami

Mike Nogami

Mike Nogami

Mike Nogami

狭山にいた2年間。

ぼくにとってあの2年間がとっても大事な日々だったのはたしかです。

当時のぼくにとって"夢のような場所"だった。

アメリカの音楽を聴いて育ってきて、ぼくたちの世代は

それに大きな影響を受けた ──

（HMF2005 記者会見）細野晴臣

Mike Nogami

はっぴいえんど『風街ろまん』撮影（左から 細野晴臣、大瀧詠一、松本隆、鈴木茂）

Mike Nogami

Mike Nogami

1972年8月 ジョンソン基地のカントリー・ナイト

奥村叙正撮影のマイク野上

1971年頃　狭山アメリカ村

（文中・敬称略す）

workshop MU!! が工房を青山通りの池田谷ビル7階から、返還されつつあった狭山のジョンソン基地周辺のハウスに移した1971年7月〜1974年7月にぼくがアメリカに移住するまでの3年間、アメリカ村には毎週通っていた。実家があった吉祥寺から車で50分ほどかかった。

MU!! は住居と仕事用に1軒ずつハウスを借りていた。ぼくの運転でメンバーたちと国道16号や狭山近郊や果ては横須賀まで古道具屋にアンティックや古着を探しに行ったり、リーダーの眞鍋立彦の奥さんミーコの作るおいしい食事をみんなでワイワイしながらいただき、夜は工房の空きベッドを使わせてもらって寝た。毎日がパーティのようだった。グループで楽しく生活しながらデザインの仕事をするというライフスタイルも新しくてMU!!らしかった。

1971年9月に、ぼくは細野晴臣、大瀧詠一、松本隆、鈴木茂の"はっぴいえんど"を連れてアメリカ村に行く。日本語をアメリカ音楽にのせる"はっぴいえんど"を日本のアメリカ軍基地周辺に建てられたハウスの前に立たせてみたかった。『風街ろまん』の裏ジャケット用写真撮影のためである。ここで初めて"はっぴいえんど"のメンバーをMU!!の連中にも紹介した。

workshop MU!!（メンバーは眞鍋立彦、中山泰、奥村靫正）は間違いなく当時の感性の最先端だった。音楽でいえば"はっぴいえんど"のように。彼らはここアメリカ村で、日本のレコード・ジャケット・デザインを70年代前半というロック創生期に、国際的レベルまで引き上げたデザイン・グループだった。

1972年7月は、MU!!のメンバーたちと奥多摩に行ったり狭山市営プールで泳いだりもしていたが、ある日曜日に国道16号線の福生に行くと、偶然横田基地が日本人にも開放されていて、さっそく基地内に車を走らせる。"Black Awareness"というフェスティバルをやっていた。空手の型を披露したり、パラシュートを屋根にしたステージでは、ステイプル・シンガーズ風のゴスペルやR&Bを生演奏。屋台のバーも出ていて、当時日本国内では買えなかったアメリカのビールのバドワイザーが飲めた。グアムなどたまの海外撮影ロケ

でしか楽しめなかったバドワイザーが日本国内で飲めると大喜びした思いがある。写真のぼくはこの時のもので嬉しそうにバドをもっている。奥村靫正がシャッターを切ってくれた。

8月にはアメリカ村のすぐ隣のジョンソン基地でも"Country Night"という大きなフェスティバルがあって基地を開放していた。すぐ隣ということもあってMU!! の連中のほかアメリカ村に住む仲間（麻田浩、細野晴臣など）全員で楽しんだ。カントリーダンスあり、打ち上げ花火あり、ビンゴやもちろんアメリカのビールを売るバーもあって、まるでアメリカに行ったようで最高だった。

11月にはアメリカ村の近くで、東京からゲストをいっぱい招いて野球大会をやった。野球大会やバーベキューはかなりやっていたが、この月は麻田さんがモダーン・フォーク・カルテット時代のメンバーで『バラが咲いた』の大ヒットを出したマイク眞木さんも来てくれた。ミーコをはじめとした即席チアリーダーも大活躍、派手な衣装も堂に入っていた。飼い猫の"ネ

ズミ"をつれてきた細野晴臣も入れて45人以上の大会だった。

夜になると奥村靫正とよく福生の黒人専用のバーにいって踊り、飲んだことも度々あった。いかがわしいクラブなのか、さびれたバーなのか、よい感じだった。東京から黒人好きの女性ビートニク詩人がよく来ていて一緒に飲んだりもした。初対面のぼくに微笑みながら「あなた寝起きのパンダみたい」と言った。「さすが詩人だ、よくついている」と奥村は大笑いした。こんなエピソードに事欠かない。

今振り返ってみると、アメリカ村では仕事をしているよりも、仲間と楽しく遊んでいた時間が圧倒的に多かった。その頃のアメリカ村は、ぼくにとっての青春のアメリカングラフィティだった。

写真家　野上眞宏　Mike Nogami

Kinos

返還後のハイドパークにて

Mike Nogami

Mike Nogami

Mike Nogami

アメリカ村の思い出

　71年に設立したマッシュルームレーベルの第1号アーティストとして小坂は録音に参加していました。レコーディングは目黒のモウリスタジオで行われ、私はミッキーカーチスさんのアシスタントディレクターとして同じマッシュルームで仕事をしていました。10月に『ありがとう』というアルバムがリリースされたのを機に、私たちは結婚することにしました。そのリリースと同時に新しいバンドを作る事になり、小坂はメンバーを捜していました。その時に紹介されたのが日大芸術学部3年の駒沢裕城でした。軽音楽部のカントリーでスティールギターを演奏していました。小坂はギターをいれず彼を中心のバンドにしようと考え、他のメンバー捜しをしていました。狭山に彼らの家を探すこととし、その間駒沢は私たちの家にしばらくいることになったのです。11月の結婚式後、新婚旅行から帰ると駒沢が「お帰りなさい」と迎えてくれたので、私が「お手伝いさんみたいね。だから駒子って呼ぼうかな」と言ったのが、今日まで彼の呼び名になりました。

"小坂忠とフォージョーハーフ"の誕生です。

　アメリカ村の私たちの家は舗装された道路から山道までの間に3軒並んでいた1番山側の家でした。山の緑が借景のように家からの景色を豊かにしてくれました。雪景色も春に芽吹く珍しいカタクリの花も満開のツツジの景色も美しい思い出です。ある朝、朝食を食べながら山道を眺めていると、1頭の牛が駆けていきました。「あれなんだ？牛がどっからか逃げ出したのかな」そんな話をしていると、後からお巡りさんが自転車に乗って牛を追いかけていくのです。まるで漫画のような風景で大いに受けたものです。

　我が家にはいろいろなミュージシャンが遊びにきました。ハウスのリビングにはアーリーアメリカン風のカーテンを掛け、米軍の払い下げ品のバタフライテーブルやコールマンのストーブなどを置いていましたので、アルバムのジャケット撮影に来る人たちもいました。"フォージョーハーフ"のメンバーは我が家の六畳間の窓に毛布を張って練習をしていましたし、遊びに来

た友人の細野晴臣は気に入って、とうとう我が家の真裏の家を借りてしまいました。台所同士が向き合っていたので携帯のない時代、遊び半分に糸電話で話したりしていました。後に『HOSONO HOUSE』を録音した家です。

　当時はまだアメリカ村のハウスの何軒かに米兵たちも暮らしていました。右斜め前の家には若い黒人の夫婦が住んでおり１歳ぐらいの可愛い男の子がよく遊びに来ました。そのうちお父さんのスタンリーと小坂は仲良くなってジョンソン基地のボーリング場に連れて行ってもらって遊んだりしていました。また、彼は麻雀が好きで自分でアメリカ人用に作られた麻雀パイを持って家に来るようになり、私たち夫婦とおみちゃん（細野晴臣）、スタンリーで「ソウズはバンブー、ピンズはボール、ホワイト、レッド、グリーン」などと言いながら大いに楽しんだものです。

　アメリカ村での生活は本当にのんびりとしていました。まだ小さかった子どもたちは何軒かの友人の家に

なだれ込んでそこでおやつを食べるという、誰もそれを嫌がるような風潮はありませんでした。 workshop MU!! の眞鍋くん家のりんごちゃん、我が家のあみ、細野家のあやちゃんそして堀越家のみずくん、たっくん、八木家の子どもたちは一緒に狭山の七夕祭りやピクニックを楽しんだりとても仲良く遊んでいました。入間川河川敷のグランドでのミュージシャン対抗の野球大会も仲間の大イベントでした。初期のアメリカ村の生活は当時でなければ得られない貴重な体験です。私たちは家を移りながら、狭山のハウスに25年間も住むことになったのです。子どもたちにとっても素晴らしい自然体験で、今でもハイドパークでの楽しい思い出は暖かく心に残っています。

トラ ミュージック　高 叡華 （小坂 叡華）

Mike Nogami

狭山市営プール

TORA MUSIC

リビングにてビリヤードを楽しむ小坂忠

狭山の仲間とお客さん

　1976年からスタートしたプロモート会社トムス・キャビンはやはり狭山の仲間なくしてはできなかった。

　プログラムのデザインはworkshop MU!!にやってもらいたいと眞鍋君に相談して、会社のロゴマークやレターヘッドをアールデコ風にデザインしてもらった。最初のツアーのデイヴィッド・グリスマン・クインテットのチラシ、ポスター、プログラムやTシャツもすべて眞鍋君にお願いした。照明も近くに住んでいた久利さんという照明家の方にお願いした。Tシャツの製作は、よく狭山に遊びに来ていた学生時代のバンド仲間でVANジャケットに勤めていた渡辺かをるに頼んだ。こうして最初のツアーはスタートした。ツアーが終わってトムス・キャビンのアメリカのエージェント、ボビー・キンメルとバンジョーのビル・キースは狭山に来て3日ほど滞在した。彼らと近くの神社や居酒屋にも行った。彼らにとって日本の普通の家での生活は良い体験になったようで、のちにビル・キースに会った時、自分

にとって凄く貴重な体験だった、と言ってくれた。

　またジャクソン・ブラウンがツアーで来日した時、初日のコンサートへ行ったのだがジャクソンが「明日がデヴィッド・リンドレーの誕生日なので日本の家庭料理みたいなレストランでバースデイ・パーティーをやりたい。どこか知ってる？」と聞かれた。「じゃあ家で家庭料理作るから、僕の家まで来れる？」と言ったところ「行くよ」という返事。ジャクソンと息子のイーサンとオーストラリアからやって来たジャクソンの彼女リン、リンドレー夫婦と娘のロザンナが西武線に乗って稲荷山公園まで来た。ホテルから池袋までタクシーで来てチケットも自分たちで買ったという。同じ電車に乗り合わせていた学生が驚いた顔をして「ジャクソン・ブラウンですよね」と聞いてサインをもらっていた。それもそうだ、ジャクソン一行が西武線の稲荷山公園駅から降りてくるなんて想像できないから驚いたのだろう。その時は確かリンのビザ用の写真を写真家の佐

藤さんに撮ってもらい無事にビザが取れたと後で連絡
が入った。近くの家からも家庭料理をいくつか持って
来てもらい、リンドレーの誕生日パーティーは大成功
で本人もすごく喜んでくれた。

デヴィッド・リンドレーは2023年3月3日、78歳で永眠した。
1973年に出会って以来、ずっと友人だった。
Forever in our hearts, David.

麻田浩

Tom's Cabin

Kinos

Kinos

Kinos

HYDE PARK MUSIC FESTIVAL
FESTIVAL
2005

Mike Nogami

Mike Nogami

Mike Nogami

Tom's Cabin

Mike Nogami

Mike Nogami

ハイドパーク・ミュージック・フェスティバル

ハイドパーク・ミュージック・フェスティバル開催のきっかけは2004年頃、毎土曜日に入間川のサイクリングロードを走っていた若い自転車乗りの仲間との話から始まった。彼らは僕らがアメリカ村に住んでいたころ、親から「あそこに行ってはいけない」と言われていたようだ。それでも音楽が好きだったので細野君や忠や僕が住んでいたのは知っていた、という。そんな彼らがある日「そういう人たちがハイドパークに戻って来て歌ってもらえませんかね」と言い出した。僕は「聞いてみるよ」と言って、細野君や忠に声をかけるとすんなりOKがでた。

フェスの目的として、地元で育ったこの公園を愛する仲間たちと収益を公園に寄付することとした。特に忠はずっとハイドパークでフェスができたらと思っていたらしく、いろんな人に声をかけてくれた。2005年、途中大雨に見舞われたけど成功に終わり、公園を保存するための基金を出すことができた。

忠がステージから降りてきて「麻田さん、最高だよ、これ続けていこうよね、僕いつでもまた出るからさ」と言ってくれた。しかし、2年目に赤字が出て、3回目を開催できず、僕は毎年のように忠のこの言葉を思い出しつつ今に至っていた。

2022年4月、その忠が亡くなった。僕にとってはショックだった。もし再開するなら最初に出演を承諾してくれた細野君と忠にまた出てもらいたいと思っていたから。来年こそハイドパークを再開しよう、そしてそこで忠のトリビュートをやろうという気持ちが固まり、細野君に相談して彼もやろうよと言ってくれた。ただ細野君は2023年発売予定の自身のアルバム制作が遅れていて、それに専念するということもあり出演は難しくなってしまった。

それでも17年ぶりの「ハイドパーク・ミュージック・フェスティバル」が決まり、コンサートを引き継いでいく場所としてこのフェスを再開し続けていきたいと思っている。

時々、狭山での生活は僕にとってどんな意味があった
のだろうかと考える。横浜の実家も両親が亡くなって人
手に渡ったし、当時狭山に引っ越して来た仲間やここで
産まれた子供たちも独立して、残っているのは僕だけに
なった。まだしばらくはここ狭山に住むのだろうが、こ
こを出ていく時にその意味がわかるかもしれない。

2023年3月　麻田浩

狭山 HYDE PARK STORY 1971~2023

2023年4月29日 初版第1刷 発行

監修　麻田 浩

写真　野上 眞宏

写真提供　Tom's Cabin、TORA MUSIC、Kinos、Jeff Shellito、Nick's、高橋写真館

編集　粕谷 誠一郎（Dear Film Project）、後藤 佑介（TWO VIRGINS）

本文デザイン　津田 充

装丁デザイン　眞鍋 立彦 workshop MU!!

special thanks　井出 情児、オードリー木村、佐藤 甲

executive producer　Blue Jay Way

発行者　　　　後藤 佑介

発行所　　　　株式会社トゥーヴァージンズ

　　　　　　　〒102-0073　東京都千代田区九段北 4-1-3

　　　　　　　電話 ：(03) 5212-7442

　　　　　　　FAX ：(03) 5212-7889

　　　　　　　https://www.twovirgins.jp/

印刷　三河 亮平、青栁 里奈（株式会社加藤文明社）

ISBN 978-4-910352-69-5